CATEGORIAS

O livro é a porta que se abre para a realização do homem.

Jair Lot Vieira

ARISTÓTELES

CATEGORIAS

TRADUÇÃO E NOTAS

EDSON BINI

Estudou Filosofia na Faculdade de Filosofia,
Letras e Ciências Humanas da USP.
É tradutor há mais de 40 anos.

edipro

Grafia conforme o novo Acordo Ortográfico da Língua Portuguesa.

2ª edição, 1ª reimpressão 2023.

Editores: Jair Lot Vieira e Maíra Lot Vieira Micales
Coordenação editorial: Fernanda Godoy Tarcinalli
Tradução e notas: Edson Bini
Acentuação do grego: Lilian Sais
Revisão: Brendha Rodrigues Barreto
Capa: Simone Melz
Diagramação e adaptação de capa: Ana Laura Padovan

Dados Internacionais de Catalogação na Publicação (CIP)
(Câmara Brasileira do Livro, SP, Brasil)

Aristóteles

Categorias / Aristóteles ; tradução e notas Edson Bini. 2. ed. – São Paulo: Edipro, 2020. (Série Clássicos Edipro)

Título original: ΚΑΤΗΓΟΡΙΑΙ

ISBN 978-85-521-0083-6

1. Categorias (Filosofia). Obras anteriores a 1800. I. Bini, Edson. II. Título. III. Série.

11-01424 CDU-185

Índice para catálogo sistemático:
1. Categorias : Filosofia : 185

EDITORA AFILIADA

edipro

São Paulo: (11) 3107-7050 • Bauru: (14) 3234-4121
www.edipro.com.br • edipro@edipro.com.br
@editoraedipro @editoraedipro

SUMÁRIO

I

1a1 QUANDO AS COISAS TÊM APENAS UM NOME em comum e a definição de essência correspondente ao nome é diferente, são chamadas de *homônimas*. Por exemplo, embora um ser humano e um retrato possam propriamente ambos ser chamados de *animais*,[1] são homônimos, pois têm somente o nome em comum, as definições de essência que correspondem ao nome sendo diferentes, considerando-se que se for solicitado que definas qual ser um animal é tratando-se do ser humano e do retrato, darás duas definições distintas apropriadas a cada caso.

As coisas são chamadas de *sinônimas* quando não só têm o mesmo nome, como este nome significa o mesmo em cada caso, apresenta a mesma definição correspondente. Deste modo, um ser humano e um boi são chamados de *animais*. O nome é o mesmo em ambos os casos, e assim também, a definição de essência, pois se fores indagado sobre o que significa os dois serem chamados de *animais*, darás definição idêntica em ambos os casos a esse nome particular.

Quando as coisas extraem seu próprio nome de uma outra, recebendo uma nova forma verbal, dizemos que são *parônimas*. Assim, por exemplo, *gramático* deriva de *gramática*, *corajoso* de *coragem* e assim por diante.[2]

---

1. A palavra ζῷον (*zôion*) apresenta duplo significado, quais sejam, *animal, ser vivo,* e *figura humana* ou *de animal* representada num quadro ou retrato.
2. Em grego ...τῆς γραμματικῆς ὁ γραμματικὸς... (*tês grammatikês ho grammatikòs*). A tradução aqui registrada pretende apenas ilustrar o fato de uma palavra designadora de uma coisa ser derivada (parônima) de uma outra. Na verdade, os dois termos gregos apontados referem-se respectivamente à ciência ou arte de ler e escrever e ao homem que sabe ler e escrever, ou seja, o alfabetizado. Tanto *gramática* quanto *gramático* (em português), ainda que oriundos morfologicamente do grego, apresentam significados diferentes.

II

Podemos ou não combinar aquilo que chamamos de palavras, expressões e frases. Combinações são encontradas em proposições; por exemplo, "o homem corre" ou "o homem vence", ao passo que exemplos de formas não combinadas são "homem", "boi", "corre", "vence" e similares.

Entretanto, no que se refere às coisas ditas com significado, quando empregamos palavras sem as combinar, podemos predicar algo de um sujeito, embora elas jamais estejam presentes em um sujeito. Por exemplo, podemos predicar "homem" deste ou daquele homem como o sujeito, mas o homem não é encontrado em um sujeito. Por "em", "presentes", "encontrado em um sujeito" *não quero dizer presentes ou encontrado* como se suas partes estivessem contidas num todo – *quero dizer* que não pode existir como se à *parte* do sujeito referido. E, então, há essa classe de coisas que estão presentes ou são encontradas num sujeito, ainda que não possam ser afirmadas, de modo algum, de qualquer sujeito conhecido. Um fragmento de conhecimento de gramática existe na alma como um sujeito, porém não pode ser predicado de qualquer sujeito conhecido. Também uma alvura particular está presente ou é encontrada num corpo (toda cor implica uma tal base como aquilo que entendemos por "um corpo"), mas não pode ela mesma ser afirmada de qualquer sujeito conhecido. Constatamos que há algumas coisas,
1b1 ademais, não só afirmadas de um sujeito como também presentes num sujeito. Assim, por exemplo, o conhecimento, ao mesmo tempo que presente nesta ou naquela alma como um sujeito, é igual-

mente afirmado em relação à gramática. Há finalmente aquela classe de coisas que não podem nem ser encontradas em um sujeito nem, tampouco, ser afirmadas de um (por exemplo, *este* ou *aquele* homem ou cavalo, pois nada deste tipo se acha num sujeito ou é jamais afirmado de um. De maneira mais geral, com efeito, nunca podemos afirmar de um sujeito o que em sua natureza é individual e também numericamente uno. No entanto, em alguns casos nada impede que esteja presente ou seja encontrado *em um* sujeito. Deste modo, um fragmento de conhecimento de gramática está presente, como dissemos, numa alma.

III

[DIGAMOS] UMA PALAVRA A RESPEITO dos predicados aqui. Quando se predica esta coisa ou aquela de uma outra coisa como de um sujeito, os predicados do predicado também se aplicarão ao sujeito. Predicamos "homem" de um homem; assim, de "homem" predicamos "animal". Por conseguinte, deste ou daquele homem podemos predicar "animal" também, uma vez que um homem é tanto "animal" quanto "homem".

Quando os gêneros não são organizados um em função do outro [, isto é, são heterogêneos e não subordinados entre si], as diferenças serão em espécie. Tomemos, por exemplo, os gêneros animal e conhecimento; "ter pés", ser "bípede", "alado", "aquático" constituem diferenças animais. Mas não se descobrirá nenhuma para distinguir uma espécie particular de conhecimento. Nenhuma espécie de conhecimento diferirá de uma outra por ser "bípede".

Nos casos em que os gêneros, entretanto, são subordinados, nada absolutamente os impede de ter as mesmas diferenças, pois predicamos os gêneros mais elevados ou maiores dos gêneros inferiores ou classe, subordinada. Então, as diferenças do predicado pertencerão também ao sujeito.

IV

Cada uma das palavras ou expressões não combinadas significa uma das seguintes coisas: o que (a substância), quão grande, quanto (a quantidade), que tipo de coisa (a qualidade), com o que se relaciona (a relação), onde (o lugar), quando (o tempo), qual a postura (a posição), em quais circunstâncias (o estado ou condição), quão ativo, qual o fazer (a ação), quão passivo, qual o sofrer (a paixão). Exemplos, sumariamente falando, de *substância* são homem, cavalo; de *quantidade*, dois côvados de comprimento, três côvados de comprimento; de *qualidade*, branco e gramatical. Termos como metade, dobro, maior indicam *relação*; no mercado, no Liceu e expressões similares indicam *lugar*; enquanto a referência é ao *tempo* em expressões como ontem, o ano passado etc. Deitado ou sentado indica *posição*; calçado ou armado indica *estado*; corta ou queima indica *ação*; é cortado ou é queimado indica *paixão*.

Nenhum desses termos em si mesmo é positivamente assertivo. Afirmações, bem como negações, somente podem surgir quando esses termos são combinados ou unidos. Toda asserção, afirmativa ou negativa tem que ser verdadeira ou falsa, o que – ao menos isso – está facultado a todos, mas uma palavra ou expressão não combinada (exemplos: "homem," "branco," "corre" ou "vence") não pode ser nem verdadeira nem ser falsa.

V

Substância, em sua acepção mais própria e mais estrita, na acepção fundamental do termo, é aquilo que não é nem dito de um sujeito nem em um sujeito. A título de exemplos podemos tomar *este* homem em particular ou *este* cavalo em particular. Entretanto, realmente nos referimos a substâncias *secundárias*, aquelas dentro das quais – sendo elas espécies – estão incluídas as substâncias primárias ou primeiras e aquelas dentro das quais – sendo estas gêneros – estão contidas as próprias espécies. Por exemplo, incluímos um homem particular na espécie denominada *humana* e a própria espécie, por sua vez, é incluída no gênero denominado *animal*. Estes, a saber, ser humano e animal, de outro modo espécie e gênero, são, por conseguinte, substâncias secundárias.

Do que dissemos fica evidente que o nome e a definição dos predicados podem ser ambos afirmados do sujeito. Por exemplo, predicamos homem de um ser humano individual como o sujeito. O nome da espécie denominada homem (humana) é afirmado de cada indivíduo; predica-se homem de *um* homem. A definição ou significado de homem se aplicará a *um* homem de maneira análoga, pois *um* homem é tanto homem quanto animal. O nome e a definição da espécie se aplicarão, assim, ambos ao sujeito.

Quando nos voltamos, ao contrário, para coisas que estão presentes ou são encontradas num sujeito, notamos que não podemos – ao menos na maioria dos casos – predicar seus nomes e definições desse sujeito. Com efeito, a própria definição não será aplicável em caso algum. Mas em alguns casos nada nos impede de usar o nome do sujeito. Tomemos *o branco*[3] como exemplo. Ora, o branco está, sem dúvida, num corpo e assim é predicado de um corpo, uma vez que um corpo, está claro, é que é chamado de *branco*. A definição, contudo, de branco nunca pode ser predicada de qualquer corpo.

Todas as outras coisas, salvo a substância primária, são afirmadas da primeira substância como sujeitos ou estão nela presentes como seu sujeito. Isto se evidencia pelos casos particulares que tomamos à guisa de exemplos. Predicamos animal do homem [em geral], de sorte que predicamos também animal de qualquer ser humano particular. Se não existissem indivíduos dos quais se pudesse assim predicar, não se poderia predicá-lo da espécie. Ademais, a cor está no corpo e, consequentemente, também neste ou naquele corpo, pois caso não existissem corpos nos quais ela pudesse também existir, não poderia estar, de modo algum, no corpo [em geral]. Em suma, todas as coisas, sejam quais forem, exceto o que chamamos de substâncias primárias, são predicados das substâncias primárias ou estão nestas presentes como seus sujeitos. E, supondo que não houvessem substâncias primárias, seria impossível que existissem quaisquer das outras coisas.

Das substâncias secundárias, a espécie é melhor classificada como substância do que o gênero: a espécie está mais próxima da substância primária, enquanto o gênero está dela mais distante. Supõe que alguém te pergunta "O que é isso?" relativamente a uma substância primária. Tua resposta será tanto mais instrutiva quanto mais apropriada ao sujeito, se mencionares sua espécie, do que se mencionares seu gênero. Toma, por exemplo, este ou aquele ser humano. Farias uma exposição mais esclarecedora se indicasses a espécie, ou seja, homem, do que se o classificasses como um animal. A primeira qualificação lhe é mais pertinente e própria, ao passo que a segunda é demasiado geral. Ou, ainda, toma uma árvore em particular. Ao indicar a espécie ou que se trata de uma árvore, apre-

3. ...τὸ λευκὸν... (*tò leykòn*). Aristóteles, como nós mesmos nas línguas modernas, utiliza o adjetivo no lugar do substantivo [(*leykótes*)], mas substantivando-o. As cores são abstratas, ou seja, o branco, o azul, o amarelo etc., só são concebíveis de um corpo (um vestido, por exemplo) que seja branco, azul, amarelo etc.

sentarás um relato mais instrutivo do que indicando o gênero ou dizendo que se trata de uma planta.

Ademais, as substâncias primárias, acima de tudo o mais, fazem jus a este nome uma vez que formam a base de todas as outras coisas, as quais, por seu turno, serão seus predicados ou nelas estarão presentes como seus sujeitos. Mas precisamente como as substâncias primárias se situam em face de tudo o mais que existe, situa-se também a espécie em relação ao gênero. A espécie está relacionada ao gênero como o sujeito está relacionado ao predicado. Predicamos o gênero da espécie, mas nunca, com efeito, podemos predicar, inversamente, a espécie do gênero. Com base nesta razão adicional, nos é permitido sustentar que das substâncias secundárias a espécie é mais verdadeiramente substância do que o gênero.

Se nos voltamos para as próprias espécies, [vemos que] nenhuma, a menos que seja também um gênero, é mais substância do que outra. Não há maior propriedade em chamar de homem um homem concreto ou individual do que chamar de cavalo um [determinado] cavalo concreto. Assim também no que respeita às substâncias primeiras: nenhuma é mais substância do que as outras, pois este ou aquele homem, por exemplo, não poderia ser mais verdadeiramente substância do que, digamos, este ou aquele boi.

À parte, portanto, das substâncias primárias, somente espécie e gênero entre todas as demais coisas restantes são acertadamente classificados como substâncias secundárias, visto serem eles unicamente que, entre todos os possíveis predicados, definem a substância primeira. [Com efeito] é somente pela espécie ou o gênero que se pode definir este ou aquele homem de uma maneira conveniente ou apropriada. E tornamos nossa definição mais precisa indicando a espécie ou "homem", do que indicando o gênero ou "animal". Qualquer outra coisa mais que pudéssemos indicar – digamos "ele corre" ou "é branco" seria estranha ao propósito em pauta. Assim, só espécies e gêneros são acertadamente designados como substância, exceto exclusivamente pelas substâncias primárias.

3a1 Por outro lado, [o termo] *substância*, no seu sentido estrito, aplica-se às substâncias primárias de modo exclusivo porque não apenas constituem a base de todas as outras coisas, como suprem todas estas de seus sujeitos. Exatamente como a substância primária está relacionada a tudo o mais, seja o que for, também o estão o gênero e a espécie nos quais essa substância está incluída, relacionada a todos os atributos não incluídos no gênero e na espécie, pois estes são seus sujeitos. Podemos dizer que um homem é "versado em gramática". Consequentemente, também podemos dizer que sua espécie e gênero (isto é, espécie humana e gênero animal) também são "versados em gramática". Isto será aplicável a todos os casos.

Jamais estar presente num sujeito vale [como propriedade] para toda substância, posto que o que chamamos de substância primária não pode nem estar presente num sujeito nem tampouco ser predicado de um. Quanto à substância secundária, os seguintes pontos, entre outros, provarão que esta não se encontra num sujeito. Predicamos "homem" de um homem; entretanto, "homem" não está *num* sujeito, uma vez que a humanidade não está *em um* homem. E o que vale para a espécie, vale também para o gênero, pois afirma-se também a "animalidade" deste ou daquele homem em particular, mas ela não pode ser encontrada nele. Que se acresça o ponto seguinte: quando uma coisa pode ser encontrada num sujeito, nada nos impede de predicar o seu nome ao sujeito em questão e, entretanto, não a definição. Contudo, no que concerne a uma substância secundária, tanto o nome quanto a definição aplicam-se também ao caso do sujeito. A definição da espécie (o homem – a espécie humana) e a do gênero (o animal) são usadas referindo-se a um indivíduo humano. Portanto, a substância não se encontra num sujeito.

Não poder estar presentes em sujeitos é verdadeiro, não apenas com respeito às substâncias, como também no que diz respeito às diferenças. Assim, da espécie denominada "humana" pode-se dizer que "caminha sobre os pés" e que é "bípede"; estas diferenças, contudo, não são encontradas nela, pois nem uma nem outra está *no* homem. Onde, por outro lado, afirma-se a diferença, afirma-se também sua definição. Supõe da espécie denominada "humana" que deverias predicar "que caminha sobre pés". A definição, inclusive, desse atributo, então, se aplicaria a essa espécie, uma vez que o homem, o ser humano em geral, efetivamente *caminha sobre pés.*

Que as partes das substâncias estão presentes ou são encontradas tanto nos todos como em sujeitos é um fato que dificilmente deverá nos perturbar ou nos tornar receosos de sermos forçados a classificar todas essas partes como não sendo substâncias. Afinal, não qualificamos "presente *em um* sujeito" por "não como as partes *em um* todo"?[4]

Diferença e substância apresentam igualmente a característica comum de que, sempre que as predicamos, as predicamos como sinônimas, já que tais proposições têm sempre indivíduos ou espécies por sujeitos. É indubitável que a substância primária, jamais sendo predicada de qualquer coisa, jamais pode ela mesma ser predicado de qualquer proposição que seja. Mas não é o que ocorre com a substância secundária. A espécie é predicada de todos os exemplos individuais, o gênero destes e a espécie. O mesmo ocorre também com as diferenças que, de maneira análoga, tanto se predicam das espécies quanto dos indivíduos. Ambas as definições, ademais, ou as do gênero e da espécie, se aplicam à substância primária, e a do gênero, à espécie, pois tudo o que se afirma do predicado será também afirmado do sujeito. A definição de cada diferença aplica-se, similarmente, tanto a indivíduos quanto a espécies; entretanto, como já observamos, são sinônimas as coisas que não só possuem nome idêntico, como também são definidas identicamente. Resulta, por via de consequência, que em todas as proposições que tenham por predicado uma substância ou uma diferença, o predicado é sinônimo.

Toda substância parece determinada,[5] o que é indiscutivelmente verdadeiro no que tange às substâncias primárias. O que cada uma denota é uma unidade. Quanto às substâncias secundárias, talvez a linguagem o faça assim parecer, como quando dizemos "animal", "homem", mas realmente não se trata disso, pois, ao contrário, o significado destas palavras é uma qualidade. A substância secundária não é una e singular como o é, sem dúvida, a primária; não é

4. Ou, alternativamente, num período afirmativo e numa tradução menos próxima da literalidade: *Afinal, quando nos referimos [a coisas] presentes* em um *sujeito, não quisemos dizer [coisas pertencentes a alguma coisa] como partes.*

5. Πᾶσα δὲ οὐσία δοκεῖ τόδε τι σημαίνειν (*Pâsa dè oysía dokeî tóde ti semaínein*): Toda substância parece significar um determinado *isto*.

do uno, com efeito, mas do múltiplo, que predicamos realmente "animal", "homem". A espécie e o gênero, contudo, não se limitam a indicar qualidade, como "branco" indica meramente qualidade. O acidental, ou seja, como "branco", significa pura e simplesmente uma qualidade. Mas a espécie e o gênero determinam uma qualidade com referência à substância. Informam qual o tipo de substância. No que respeita ao gênero, contudo, tal qualificação determinada cobre um campo muito mais amplo do que cobre no que tange à espécie. Se dizemos "animal", abarcamos mais do que abarcaríamos se disséssemos "homem".

As substâncias jamais têm contrários. Como poderiam as substâncias primárias tê-los... este homem, por exemplo, aquele animal? Nada lhes é contrário. E a espécie e o gênero não têm contrários. Esta característica particular não pertence apenas à substância, pois diz respeito a muitas outras [categorias], entre as quais, por exemplo, a quantidade. *Dois côvados de comprimento* não possui contrário; nem *três côvados de comprimento*; tampouco o possui *dez* ou ainda qualquer coisa que lhe assemelhe, a menos, com efeito, que alguém dissesse que *grande* e *pequeno*, *muito* e *pouco* são contrários. Quantidades definidas, entretanto, por certo jamais têm contrários.

Nenhuma substância, pelo que parece, apresenta graus ou admite um *mais* e um *menos*. Não quero dizer aqui que uma substância não possa ser mais verdadeiramente chamada de substância e menos verdadeiramente chamada de substância do que outras. De fato, dissemos que pode. Mas entendo que nenhuma substância como tal pode admitir graduação em si mesma. Por exemplo, a mesma substância – homem – não pode realmente ser *mais* ou *menos* homem na comparação consigo mesmo ou com um outro homem. Este homem não é *mais* homem do que aquele, como uma coisa branca é mais ou menos branca do que um outro objeto branco o possa ser, ou como um objeto belo apresenta mais ou menos beleza do que outros. A mesma qualidade no mesmo objeto pode ser às vezes variável quanto ao grau. Por exemplo, um corpo, no caso de ser branco, é qualificado de *mais branco* precisamente agora do que o era ou, no caso de quente, é qualificado de *mais* ou *menos* quente. Uma substância, porém, *enquanto* substância, não é *mais* ou *menos* do que em si mesma. Um homem não é *mais homem* [agora] do que o foi em algum momento do passado, e isto vale para todas as demais substâncias. Por conseguinte, a substância não pode apresentar graus.

O que, entretanto, se afigura ser o mais distintivo na substância é que, não obstante ela permaneça numericamente una e a mesma, é capaz de receber qualificações contrárias. De outras [categorias] distintas da substância, dificilmente poderíamos aduzir um exemplo que detivesse esta característica. Por exemplo, uma cor em particular, numericamente una e a mesma, não pode, de modo algum, ser tanto preta quanto branca, e uma ação, se una e idêntica, não pode, de maneira alguma, ser tanto boa quanto má. Isto se aplica a tudo salvo à substância. A substância, ainda que permanecendo a mesma, admite tais qualidades contrárias. Um mesmo indivíduo se torna numa oportunidade pálido, quente ou bom, em outra mais escuro, frio ou mau. Isto não ocorre com qualquer outra [categoria], embora se pudesse sustentar que asserções e opiniões admitem contrários, quer dizer, que a mesma afirmação possa parecer tanto verdadeira quanto falsa. Se, por exemplo, se afirma "ele está sentado", isto pode ser verdadeiro; se ele se levanta, então se torna falso. E assim também com as opiniões. Pode-se ter a opinião, e verdadeiramente, de que esta ou aquela pessoa está sentada e, no entanto, uma vez esta pessoa tenha se levantado, se tal opinião persistir será falsa. Ainda que admitíssemos essa exceção, ela diferiria, com efeito, do resto na sua maneira de acontecer, pois sempre que uma substância admite tais qualificações contrárias é através de uma mudança em si mesma. É através de uma mudança em si mesma que uma substância que estava quente se torna fria (tendo passado de um estado para o outro) ou uma substância que estava pálida [ou branca] se torna escura, ou uma substância que era boa se torna má. E assim também em todos os demais casos nos quais a substância admite tais qualidades. A asserção e a opinião, contudo, permanecem em si mesmas completamente inalteráveis em todos os aspectos. Se assumem a qualidade contrária, sendo *ora* verdadeiras, *ora* falsas é porque os fatos da situação terão mudado. A asserção "ele está sentado" é inalterável, porém conforme as condições existentes a classificamos *ora* como verdadeira, *ora* como falsa. O que vale para as asserções, vale igualmente para as opiniões. Em sua maneira de acontecer, portanto, é realmente característico à substância admitir qualidades contrárias através de uma mudança em si mesma.

Assim, se alguém viesse a fazer uma exceção a favor das asserções e das opiniões, sustentando que estas admitem também qualificações contrárias, este seu ponto de vista seria, em verdade, heterodoxo. Se dissermos que asserções e opiniões admitem tais qualificações, teremos que reconhecer que não são elas próprias, mas alguma coisa mais que sofre mudança, pois é por força dos fatos de cada caso, em virtude de serem ou não serem reais, que uma asserção é classificada como verdadeira ou falsa. Não é que a própria asserção seja capaz de admitir tais qualidades contrárias; nada, numa palavra, pode alterar a natureza de asserções e opiniões e, percebendo que nenhuma mudança nelas ocorre, não podem admitir tais contrários. A substância, todavia, admite tais contrários por tê-los ela mesma os recebido; ela, de modo alternado, é receptáculo em si mesma de saúde, doença, alvura, negrura, e as recebendo em si mesma, diz-se que admite esses contrários. Assim, a título de conclusão, é-nos permitido classificar o que foi indicado anteriormente como distintivo da substância, a saber, que a despeito de persistir una e a mesma, é possível para ela – através de uma mudança em si mesma – receber qualificações contrárias. E isto basta no que concerne à substância.

VI

ABORDEMOS EM SEGUIDA A *QUANTIDADE*. Esta é ou *discreta* ou *contínua*. Algumas quantidades, além disso, consistem de partes que possuem posições relativas umas em referência às outras; outras quantidades, ao contrário, são constituídas por partes que não possuem tais posições. Entre as quantidades discretas, podemos citar aqui como exemplos o *número* e o *discurso*; entre as quantidades contínuas, a *linha*, a *superfície* e o *sólido*, às quais pode-se acrescentar o *tempo* e o *lugar*. Consideremos as partes de um número. Constata-se que não há nenhum limite comum no qual possam se unir. Por exemplo, *dois* cincos produzem dez, mas eles são completamente distintos; inexiste uma fronteira comum na qual estes dois cincos se unem. Coisa idêntica ocorre com as partes três e sete. De fato, no tocante a todos os números, jamais descobrirás tal limite, comum a quaisquer duas partes, pois as partes permanecem sempre distintas. Assim, o número é discreto, não contínuo. O mesmo pode ser dito do discurso, desde que por discurso se entenda a palavra falada. Medido em sílabas longas e breves, o discurso é uma quantidade evidente cujas partes não possuem limite comum. Não existe limite comum onde essas partes (ou sejam, as sílabas) se unem. Cada uma, realmente, é distinta das restantes.

A linha, contudo, é contínua. Descobrimos aqui este limite do qual acabamos de falar. Este limite ou termo é o *ponto.* O mesmo ocorre com o plano (superfície) ou o sólido. Suas partes também possuem tal limite: a linha no primeiro caso, a linha ou o plano no segundo. Também o tempo e o espaço[6] são contínuos. O tempo é um todo e contínuo: o presente, o passado e o futuro estão vinculados. O espaço é também este tipo de quantidade, pois uma vez que as partes mesmas do sólido ocupam um certo espaço e estas partes possuem um limite em comum, conclui-se que também as partes do espaço, que aquelas próprias partes ocupam, possuem exatamente o mesmo limite ou termo comum das partes do sólido. Como o tempo, é o espaço, portanto, contínuo: suas partes se reúnem numa fronteira comum.

Todas as quantidades são constituídas por partes, e estas, como vimos, guardam posições em referência umas às outras ou não apresentam tais posições. As partes de uma linha, por exemplo, precisam todas ter suas posições relativas. Cada uma, indiscutivelmente, tem que estar situada *em algum lugar* e cada uma pode ser claramente distinguida. Podes dizer onde está situada cada uma no plano e de qual tipo de parte é contígua. Assim, as partes do plano possuem posição: novamente podes dizer onde cada uma está situada e de qual tipo de parte é contígua. Isto vale igualmente para os sólidos e o espaço. Mas no que toca ao número, é diferente. Jamais poderias demonstrar que suas partes possuem suas posições relativas ou que sequer possuem posições. Tampouco poderias determinar quais partes são contíguas ou adjacentes de quais partes. Algo idêntico pode ser dito também do tempo, uma vez que nenhuma parte do tempo é duradoura; e como dizer que aquilo que não dura possui alguma posição? Do tempo seria melhor dizer que suas partes possuem uma *ordem* relativa, visto uma parte ser anterior a uma outra. Analogamente, o mesmo poder-se-ia dizer do número, pois os números apresentam anterioridade na contagem, o *um* sendo anterior ao *dois*, o *dois* ao *três* [e assim por diante]. Assim, no que respeita ao número, também nos é permitido dizer que as partes possuem uma ordem relativa, mas que com certeza não possuem posições. Isto igualmente será aplicável ao discurso pois suas partes não têm existência duradoura. Mal são pronunciadas e já desvanecem, de sorte que, se deixam de existir, não podem ocupar nem lugar nem

6. ...καὶ ὁ χρόνος καὶ ὁ τόπος... (*kaì ho khrónos kaì ho tópos*).

posição. Em síntese, das quantidades, portanto, algumas são constituídas por partes possuidoras de posição e outras por partes que não a possuem.

Unicamente aquilo que mencionamos pode ser chamado de quantidades no sentido mais estrito. Outras coisas que são assim chamadas o são em um sentido secundário, em conexão com alguma daquelas que pertencem ao sentido primário. Vejamos um exemplo ou dois. Amiúde falamos de uma *grande quantidade de branco* pelo fato da superfície coberta por ele ser grande, de uma *ação ou processo longos* porque o tempo por eles ocupado é longo. O nome *quantidade* não pode ser atribuído com propriedade a tais coisas. Alguém pergunta a ti: "Quanto durou aquela ação?" Responderás informando o tempo que necessitou para ser executada, como "Levou um ano" ou coisa que o valha. Alguém te pergunta "Qual o tamanho daquela coisa branca?" e respondes informando sobre o tamanho da superfície por ela coberta. Tão grande como a superfície que cobre – dirás – é aquele objeto branco. Consequentemente, as únicas quantidades em acepção estrita são as que referimos; outras coisas assim designadas só podem reivindicar tal nome – se é que o podem – numa acepção secundária: numa espécie de maneira derivativa ou acidental, e não em função de sua natureza intrínseca.

Quantidades nunca possuem contrários, o que se mostra perfeitamente evidente no caso de todas as quantidades definidas, pelas quais entendo, por exemplo, "dois côvados de comprimento" ou "três côvados de comprimento", ou "uma superfície", ou algo deste tipo. Estas, está claro, não têm contrários. Apesar disso, é possível que alguém diga que "grande" e "pequeno", "muito" e "pouco" são contrários. Estes são, entretanto, mais propriamente falando, *termos de relação* e, sendo assim, as coisas não são em si mesmas e isoladamente grandes ou pequenas: só o são por comparação. Assim, dizemos que uma colina é *pequena*, que um grão de milho é *grande*, mas na realidade queremos dizer *maior* ou *menor* do que coisas semelhantes do gênero, pois nos referimos a algum padrão externo. Se tais termos fossem usados *absolutamente*, jamais deveríamos chamar uma colina de pequena, como jamais deveríamos chamar um grão de milho de grande. Assim, do mesmo modo, é permissível que digamos que um povoado tem *muitos* habitantes, e que uma cidade como Atenas apenas *poucos*, embora a população desta última seja muito maior; ou dizemos que uma casa contém *muitos* [indivíduos] ao passo que aqueles no teatro são *poucos*, ainda que estes superem muito em número aqueles outros. Enquanto "dois côvados de comprimento", "três côvados de comprimento" e [expressões] semelhantes, portanto, significam quantidade, *grande*, *pequeno* e [palavras] similares não significam quantidade, mas relação, envolvendo algum padrão externo ou algo que está acima e além delas. É óbvio que estes últimos termos são relativos.

Ademais, quantidades ou não, nada há que seja contrário a tais termos, pois como supor que possa ter qualquer contrário aquilo que não é apreendido por si mesmo, mas que tem que se referir a algum padrão externo? Em segundo lugar, supõe que permitamos que *grande*, *pequeno* e [termos] similares sejam contrários: neste caso, o mesmo sujeito – deduzir-se-ia – em um e mesmo tempo admitiria qualificações contrárias e as coisas seriam em si mesmas contrárias. Não ocorre por vezes ser a mesma coisa tanto grande quanto pequena? Se comparada a uma coisa, é pequena, mas se comparada a outra, é grande. E assim a mesma coisa simultaneamente vem a ser tanto grande quanto pequena ou a um único e mesmo tempo admite qualificações contrárias. Mas ao tratarmos da substância estabelecemos que nada pode assim com simultaneidade admitir tais qualificações. É incontestável que a substância é receptiva de qualificações contrárias, mas não de uma maneira na qual um homem ao mesmo tempo esteja tanto doente quanto sadio [e] uma coisa seja simultaneamente preta e branca. Tampouco pode qualquer outra coisa em momento algum ser assim qualificada. Portanto, se grande, pequeno etc. fossem contrários, as coisas seriam para si mesmas os seus próprios contrários. Se concedermos, a favor do argumento, tanto que *grande* é o contrário de *pequeno* quanto que uma e a mesma coisa pode ser no mesmo momento tanto grande quanto pequena, uma coisa será o seu próprio contrário. Isso é, todavia, impossível: nada pode ser contrário a si mesmo. A conclusão é que estamos impossibilitados de descrever *grande* e *pequeno*, *muito* e *pouco* como contrários. Tampouco poderiam estes termos ter contrários, ainda que alguém os classificasse como termos não de relação mas de quantidade.

No que tange ao espaço, a afirmação de que a quantidade admite contrário parece ganhar mais plausibilidade. *Acima* e *abaixo* são chamados de contrários quando se entende por *abaixo* a região do centro. Este uso, entretanto, provém da visão que extraímos do mundo, uma vez que é nos extremos do mundo que a distância do centro é a maior.[7] Com efeito, é como se fosse destes contrários que a definição de todos os demais contrários é obtida, pois definimos como contrários os termos que, estando dentro da mesma classe, são os mais distantes uns dos outros.

Uma quantidade parece não admitir um *mais* e um *menos*. Por exemplo, toma "dois côvados de comprimento". Ora, isto nunca admite gradações. Uma coisa não mede dois côvados de comprimento num grau maior do que uma outra. E ocorre coisa análoga com os números. Um *três* não é, por assim dizer, três num maior grau do que um outro *três*; um *cinco* não é, por assim dizer, cinco num grau maior do que um outro *cinco*. Um período de tempo não é, também, mais tempo do que um outro. Nem no tocante a qualquer outra quantidade que mencionamos pode-se afirmar um *mais* ou um *menos*. A categoria da quantidade, portanto, não admite, de modo algum, graus.

O que é realmente peculiar às quantidades é que as comparamos ou contrastamos em termos de igualdade ou com base em igualdade. Predicamos *igual* [e] *desigual* de todas as quantidades mencionadas. De um sólido, diz-se que é igual ou desigual a um outro; de um número, que é igual ou desigual a um outro. Também usamos esses termos falando do tempo na comparação de seus períodos. Igualmente para todas as outras quantidades que mencionamos anteriormente. E de nenhuma outra categoria, cumpre acrescer, exceto a quantidade, podemos afirmar esses dois termos (o igual e o desigual), pois nunca dizemos ser este estado *igual* ou *desigual* àquele; dizemos que é *semelhante* ou *diferente*. Uma qua-

7. Ou seja, a distância entre o centro e os pontos cardeais da Terra.

lidade, a alvura, por exemplo, jamais é comparada com uma outra em termos de igualdade ou com base na igualdade. Tais categorias são classificáveis em termos de semelhança e diferença. Assim, classificarmos alguma coisa como igual ou desigual é a característica principal da quantidade.

VII

Voltemo-nos agora para a *relação*. Chamamos uma coisa de *relativa* quando desta se diz que é o que é por dependência de alguma outra coisa ou, se não, por estar relacionada a alguma coisa de alguma outra forma. Isto porque, de fato, quando chamamos uma coisa de *maior* com isso queremos dizer maior *do que alguma coisa.* Diz-se *o dobro* por este o ser *de alguma* outra *coisa* (o dobro significa dobro de alguma coisa). E isto se aplica a todos os termos semelhantes. Entre outros termos relativos encontramos o estado, a disposição, a percepção, o conhecimento, a posição ou postura. Todos estes se explicitam mediante a referência a alguma coisa a que pertencem e de nenhuma outra maneira. Estado é um estado *de* alguma coisa, conhecimento é um conhecimento *de* alguma coisa, posição é uma posição *de* alguma coisa. Falamos, portanto, de termos relativos quando uma coisa, sendo tal como é, é explicitada por um genitivo que se segue ou então por alguma frase ou expressão destinada a introduzir a relação. Por exemplo, chamamos uma colina de *grande* e queremos dizer grande por comparação a uma outra. É exclusivamente em função desta comparação que se chama uma colina de *grande*; e o que é similar é chamado de similar pela similaridade com alguma coisa. É o que ocorre com todos os termos desta natureza. E percebemos também que, enquanto *estar deitado*, *estar de pé* ou *estar sentado,* são efetivamente posições específicas, a posição *ela mesma* é um relativo. *Deitar*, *levantar* e *sentar* não são eles mesmos realmente posições; suas designações, entretanto, como parônimos, são derivadas das posturas que acabamos de mencionar.

Relativos às vezes têm contrários. A virtude é o contrário do vício, sendo um termo e outro relativos; o mesmo ocorre entre o conhecimento e a ignorância. De modo algum, contudo, se pode dizer que todos os termos *relativos* têm contrários. *Dobro* e *triplo* não têm nenhum e nem, tampouco, quaisquer termos deste gênero.

Os relativos também, pelo que parece, podem admitir graduação em alguns casos, na medida em que *semelhante*, *dessemelhante*, *igual*, *desigual*, podem todos ter *mais* ou *menos* agregados a si, embora cada um seja um relativo, uma vez que por *semelhante* entendemos *como* alguma coisa mais, e por *dessemelhante* o que não é *como* alguma coisa mais. Não se trata, contudo, de todos os relativos admitirem graus. Não dizemos *mais* ou *menos* dobro, e o mesmo no tocante a todos os termos desse gênero.

Todos os relativos têm seus *correlativos*. *Escravo* significa escravo de um *senhor*, e senhor, por sua vez, implica em escravo. O *dobro* significa o dobro de sua *metade*, tal como a metade significa a metade de seu dobro. Por *maior*, também, entendemos *maior* do que esta ou aquela coisa que é *menor*, e por *menor*, o menor do que aquilo que é maior. O mesmo ocorre com todos os termos relativos. Há ocasiões, entretanto, nas quais há diferença de caso ou inflexão gramatical. O conhecimento é, assim, *do* cognoscível; o cognoscível é cognoscível *pelo* conhecimento. A percepção é *do* perceptível, o qual é percebido *pela* percepção.

Às vezes, todavia, a correlação não surgirá de maneira manifesta, a saber, quando um erro foi cometido e o próprio correlato erroneamente indicado. Se chamas de asa a asa de uma ave, neste caso não surgirá nenhuma correlação: asa e ave não são *correlativos*. O termo errôneo foi usado no início, ao chamá-lo de asa de
7a1 *uma ave*, pois asa é asa de uma ave quando consideramos esta não como ave, mas como alada. Muitas outras coisas – que não são aves – são aladas. Quando, entretanto, os termos corretos são usados, a correlação aparecerá de imediato, como quando, por exemplo, dizemos que uma asa é uma asa dos alados e que a coisa alada é alada em virtude da asa. A asa pertence aos alados necessariamente.

Às vezes não há palavra que exiba de modo acertado a correlação. Neste caso, então, temos que cunhar uma nova palavra. Tomemos, à guisa de exemplo, um *leme*. É possível que digamos que este pertence a um barco. *A um barco* é, entretanto, inapropriado e não consegue introduzir a correlação. O leme, com efeito, não concerne necessariamente ao barco visto enquanto tal. Não existem, acaso, barcos sem lemes? Consequentemente, leme e barco não apresentam reciprocidade. O barco não é *barco de um leme,* assim como o leme não é *leme de um barco.* Uma vez que não há um termo apropriado, temos que inventar um que se ajuste à situação e exprima com mais precisão: o leme é leme dos "lemeados". E, se assim nos expressarmos, pelo menos os termos apresentarão reciprocidade, ou seja, o que é "lemeado" o é por meio de seu leme. O mesmo se aplica a todos os outros casos. Uma cabeça será melhor definida como correlativa daquilo que é "encabeçado", e não indiscriminadamente como cabeça de um animal. Animais, simplesmente enquanto animais, não possuem necessariamente cabeças. Muitos deles, de fato, não possuem cabeças. Podemos, assim – é o que penso –, entender de melhor forma ao que esta ou aquela coisa está relacionada – nos casos em que não dispomos presentemente de um nome –, se tomarmos a coisa possuidora de um nome e, então, cunhando um outro nome dele derivado, aplicá-lo ao correlativo do primeiro, tal como cunhamos *alado* e "lemeado" a partir de *asa* e *leme*.[8]

Assim, todos os relativos estão referidos aos seus correlatos, desde que sejam corretamente definidos. É preciso que eu acresça esta ressalva, visto que se acontecer do correlato ser indicado de forma casual, imprecisa, os termos não poderão ser recíprocos. Que me seja permitido explicar o que quero dizer. Mesmo onde os nomes corretos realmente existem e as coisas são reconhecidamente correlatas, nenhuma correlação aparece quando damos a uma destas duas um nome que de maneira alguma exibe a relação e possui algum significado irrelevante. Que *escravo* seja definido em relação a *homem* ou a *bípede* ou a qualquer outro gênero, em vez de ser definido (como o deveria ser) por referência a *senhor*, e então nenhuma correlação aparecerá, visto ser a referência realmente imprecisa. Por outro lado, concedamos que duas coisas são correlativas e que o

8. ...ἀπὸ τοῦ πτεροῦ τὸ πτερωτὸν καὶ ἀπὸ τοῦ πηδαλίου τὸ πηδαλιωτόν... (*apò toŷ pteroŷ tò pterotòn kaì apò toŷ pedalíoy tò pedaliotón*).

termo correto é usado com o propósito de declarar o segundo. Ainda que eliminemos todos os seus outros atributos – diria seus atributos irrelevantes – retendo apenas aquilo em virtude do que era chamado de correlativo, toda a tal correlação se conservará. Diz-se propriamente, por exemplo, que o correlativo de *escravo* é *senhor*. Supõe que eliminemos todos os seus outros atributos – diria irrelevantes –, tais como ser ele *bípede*, *receptivo de conhecimento* ou *humano* e retenhamos apenas ser ele um *senhor*, e então *escravo* ainda seria o correlativo, significando escravo *o escravo de um senhor*.

Por outro lado, suponhamos um correlativo nomeado incorretamente. Neste caso, se suprimirmos seus atributos, salvo aquilo em virtude do que era chamado de correlativo, toda a correlação se desvanecerá. Definamos como correlativo de escravo, *homem*, e como correlativo de asa, *ave*. Retira o atributo *senhor* de *homem*; então, com efeito, a correlação que subsiste entre homem e escravo terá desaparecido; sem senhor não há escravo. Retira o atributo *alado* de *ave*, e então a asa não será mais um relativo, pois uma vez que não há alado, a asa não terá correlativo.

E assim, em síntese, é preciso que indiquemos todos os termos correlativos com exatidão. Se houver um nome para ser manuseado, então a indicação se revelará fácil. Caso não exista já um nome, penso ser nosso dever inventar um. É evidente que quando os nomes estão corretos, todos os termos relativos são correlativos.

Correlativos parecem apresentar simultaneidade natural, o que na maioria dos casos é verdadeiro, como, por exemplo, no que se refere ao dobro e à metade. A existência de uma metade determina que exista o dobro do qual ela é metade. A existência de um senhor implica a existência também de um escravo. Se existe um escravo, existe necessariamente um senhor. E o mesmo ocorre em todos os casos similares. Por outro lado, o seguinte também vale para eles: a anulação de um significa a anulação do outro. Por exemplo, se não há dobro, não há metade, e vice-versa, se não há metade, não há dobro, o mesmo ocorrendo com todos os termos análogos. Entretanto, o ponto de vista de que os correlativos apresentam simultaneidade natural não se afigura verdadeiro em todos os casos, pois parece que o objeto do conhecimento é anterior ao conhecimento, [ou seja,] existe antes deste. Obtemos conhecimento comumente de coisas que já existem, pois em pouquíssimos casos ou em caso algum pode o nosso conhecimento ter vindo a ser juntamente com o próprio objeto que lhe é peculiar.

No caso de ser o objeto do conhecimento suprimido, o conhecimento mesmo é anulado. O inverso disto não é verdadeiro. Se o objeto não mais existir, não poderá mais haver qualquer conhecimento, nada havendo agora para conhecer. Se, entretanto, deste ou daquele objeto nenhum conhecimento foi ainda adquirido, é possível que esse objeto, ele mesmo, exista. Tome-se o exemplo da quadratura do círculo, se podemos a isto chamar de um tal objeto. Embora ela exista como um objeto, o conhecimento ainda não existe. Se todos os animais deixassem de existir, não haveria então conhecimento algum, não obstante pudessem haver, neste caso, ainda muitos objetos do conhecimento.

É possível dizer o mesmo da percepção. Entendo que o objeto pareceria ser anterior ao ato da percepção. Na hipótese de suprimires o perceptível, suprimirias também a percepção. Afasta ou suprime a percepção, e é possível que o perceptível subsista, uma vez que o ato da percepção implica ou envolve, primeiramente, um corpo percebido, e então um corpo no qual ele ocorre. Portanto, se suprimires o perceptível, o próprio corpo será suprimido, pois o corpo, ele mesmo, é perceptível. E o corpo não sendo existente, a percepção terá que deixar de existir. Se removeres o perceptível, removerás também a percepção. A remoção, porém, da percepção não acarreta a remoção de tais objetos. Se o próprio animal for destruído, então também a percepção será destruída. Os perceptíveis, porém, ainda subsistirão, tais como o corpo, o calor, a doçura, o amargor e tudo o mais que é sensível.

A percepção, ademais, é gerada juntamente com o sujeito que percebe, ou seja, com o próprio ser vivo. O perceptível, contudo, é anterior ao ser vivo e à percepção, porquanto coisas tais como água e fogo, das quais se compõem os seres vivos, existem antes de quaisquer de tais seres e anteriormente a todos os atos da percepção. O perceptível, podemos assim concluí-lo, se afiguraria como sendo anterior à percepção.

A opinião de que nenhuma substância é relativa – opinião comumente sustentada – pareceria estar aberta ao questionamento. Dever-se-ia, talvez, disto excetuar o caso de algumas substâncias secundárias. É indubitável que a opinião a que aludimos vale para a substância primária, uma vez que nem os todos nem as partes das substâncias primárias jamais são relativos. Este homem ou aquele boi, por exemplo, jamais é definido mediante uma referência a alguma coisa que lhe está além ou lhe é exterior. O mesmo pode ser afirmado quanto às partes do homem ou do boi. Assim, não se diz que uma certa mão ou cabeça é uma certa mão deste ou daquele indivíduo, uma certa cabeça deste ou daquele indivíduo. Nós as classificamos como *a mão* e *a cabeça* deste indivíduo específico ou daquele. Assim também no que tange às substâncias secundárias, ao menos no que toca à ampla generalidade. Espécies como a humana e a bovina, e assim por diante, nunca são definidas mediante uma referência a alguma coisa que as ultrapasse ou que lhes seja externa. Nem é a *madeira* assim definida, e se é a madeira considerada como relativa, então o é como uma *propriedade* pertinente a alguém (este ou aquele indivíduo humano), e não em sua natureza de madeira. Evidencia-se, portanto, nesses casos, que a substância dificilmente pode ser relativa. É possível, porém, que haja divergência de opiniões quando se trata de algumas substâncias secundárias. Definimos, assim, *cabeça* e *mão* à luz de todos a que pertencem e, consequentemente, estes poderiam parecer ser relativos. Com efeito, se revelaria tarefa dificílima, se não impossível, mostrar assim que *nenhuma* substância é relativa, se definíssemos corretamente o que se quis dizer com *termo relativo.* Por outro lado, se estivéssemos errados e estas coisas fossem somente verdadeiros relativos cuja própria existência consiste em estarem de uma maneira ou outra relacionadas a algum outro objeto, então – julgo – algo poderia ser dito. A primeira definição se aplica a todos os relativos de modo inconteste, mas o fato de uma categoria ser explicada mediante uma referência a alguma coisa que lhe é exterior não é o mesmo que dizer que é *necessariamente* relativa.

Do exposto, o seguinte resulta óbvio: se um *relativo* é definitivamente conhecido, aquilo ao que é ele relativo também será então

definitivamente conhecido. E o que é mais: podemos classificar isso como autoevidente. Desde que saibas ser *relativa* uma coisa particular, sendo relativos aqueles objetos cuja própria existência consiste em serem eles, de uma maneira ou outra, relacionados a uma
8b1 outra coisa, então saberás o que é esta outra coisa a que se relaciona a conhecida; pois se não soubesses de modo algum o que é essa outra coisa à qual aquela se relaciona, também desconhecerias se esta é ou não um relativo. Tomemos alguns exemplos específicos que esclarecerão o ponto. Supõe que definitivamente saibas ser *o dobro* uma coisa particular; com isto saberás de imediato definitivamente também do que é ela o *dobro*. Não podes saber que ela é o dobro *sem* saber que é o dobro de alguma coisa específica e definida. Por outro lado, se definitivamente sabes que uma coisa em particular é mais bela, de imediato terás definitivamente que conhecer aquela em comparação a qual é considerada mais bela. Assim, não saberás [apenas] *vagamente* que uma coisa particular é mais bela do que alguma coisa detentora de menos beleza, já que isto seria mera suposição e, de modo algum, conhecimento. Não saberias mais com certeza que uma coisa detém *mais* beleza do que alguma coisa que detém *menos* beleza, pois, com efeito, poderia acontecer que nada existisse detendo menos beleza. Com base em tudo isso se conclui – penso – pela evidência de que é necessário que um conhecimento definido dos relativos corresponda a um igual conhecimento daquelas coisas com as quais permanecem em uma relação.

Uma cabeça e uma mão, contudo, são substâncias, e pode-se ter um conhecimento definido sobre o que essas coisas são essencialmente, ainda que não necessariamente sabendo ao que estão também relacionadas, visto que desconhecemos de modo definido de quem é esta cabeça ou esta mão. Mas, se assim é, somos forçados a concluir que essas coisas e suas semelhantes não são relativas e, sendo desta forma, seria verdadeiro afirmar que nenhuma substância é *relativa*. Penso não ser fácil fazer afirmações sólidas acerca destas questões, sem investigações mais completas. Não é, entretanto, inteiramente inútil trazer minuciosamente à baila os pontos.

VIII

Voltemo-nos a seguir para a *qualidade*. Entendo por *qualidade* aquilo em virtude do que as coisas são, de algum modo, qualificadas. A palavra *qualidade* tem muitas acepções. Um tipo de qualidade é constituído pelos estados e disposições. Os primeiros são diferentes das segundas por serem mais duradouros e estáveis. Compreendidos entre aquilo que chamamos de *estados* estão as virtudes e todos os gêneros de conhecimento, uma vez que o conhecimento é tido como duradouro e difícil de ser deslocado [do espírito], ainda que se possa, com efeito, adquiri-lo apenas numa modesta medida, a não ser que uma grande alteração seja produzida pela doença ou alguma outra coisa semelhante. E o mesmo vale para as virtudes, por exemplo, a justiça e a moderação, pois se admite que estas são difíceis de serem afastadas ou deslocadas. Disposições, entretanto, são qualidades de fácil mobilização e alteração, tais como o calor, o frio, a doença, a saúde e assim por diante. Um ser humano apresenta uma certa disposição de acordo com todas essas condições, mas rapidamente experimenta transformação. Num momento experimentando calor, pode logo experimentar frio; estando bem, pode logo ficar doente. O mesmo ocorre com todas as demais disposições, a menos que a disposição se tornasse uma segunda natureza mediante um longo lapso de tempo, revelando-se inveterada ou de difícil eliminação, caso em que poderíamos chamá-la de *estado*.[9]

É claro que nos inclinamos a designar tais qualidades como *estados*, sendo elas por sua natureza mais duradouras e mais difíceis

9. ...ἕξιν... (*héxin*). Embora traduzamos ἕξις (*héxis*) por *estado*, o sentido em todo este contexto se avizinha de *maneira de ser* e *hábito*.

de serem alteradas ou deslocadas. Aqueles que não conseguem em absoluto ter domínio sobre o conhecimento e são de um temperamento instável são atualmente raramente descritos como possuidores do *hábito* do conhecer, embora seja possível dizermos que seus intelectos, quando considerados desse ponto de vista, estão, de uma certa maneira melhor ou pior, *dispostos* para o conhecimento. Assim, o estado (hábito) é distinto da disposição: o primeiro é duradouro e estável, ao passo que a segunda não tarda a sofrer mudança.

Estados são *também* disposições, mas as disposições não são sempre estados (hábitos). Enquanto que aqueles que têm hábitos têm consequentemente, de algum modo ou outro, disposições, aqueles que *se dispõem* de algum modo não têm, de modo algum, caso a caso, um hábito.

Por um outro tipo de qualidade entendo a que nos leva a aludirmos aos bons pugilistas, ou aos bons corredores, ou aos saudáveis ou aos enfermiços. Realmente, tal tipo cobre todos os termos que denotam qualquer capacidade natural, qualquer incapacidade inata. Não se faz referência ao fato de estarem *dispostos* ou *condicionados* desta ou daquela maneira, mas ao fato de possuírem uma capacidade ou potência, que é natural ou inata, *ou* não possuírem tal capacidade ou potência para executar isto ou aquilo com facilidade ou prevenir um revés de alguma espécie. Qualificamos os homens de bons pugilistas ou bons corredores não em função de alguma disposição, mas devido a uma capacidade natural de realizar isto ou aquilo com facilidade. Quando nos referimos aos saudáveis, queremos dizer que tais pessoas apresentam capacidades de pronta, constitutiva e inata resistência contra todas as doenças mais comuns; quando nos referimos aos enfermiços, queremos dizer aqueles que parecem não possuir essas capacidades. O mesmo vale para a dureza e a moleza. Predicamos a dureza daquilo que resiste prontamente à desintegração, e a moleza daquilo que não resiste.

Prosseguindo, a terceira classe encerra qualidades passivas e afeições. São exemplos a doçura e o amargor, o azedume e tudo que lhes é afim; tais são também a frieza e o calor, a alvura, a negrura etc. É evidente que todas estas são qualidades, uma vez que se diz que as coisas que as encerram são qualificadas em função delas. Diz-se do próprio mel que é doce por conter doçura, como se diz do próprio corpo que é alvo por conter alvura. E assim é em todos os casos semelhantes.

As qualidades que chamamos de *passivas* não recebem, efetivamente, esta denominação de modo a indicar que as coisas que as encerram sejam, de uma forma ou outra, *afetadas* ou que *sofrem* transformação em si mesmas. Assim, como dissemos, dizemos do mel que é doce, mas isso não significa que o mel, ele mesmo, seja de alguma forma *afetado*. E o mesmo se aplica a todos os casos semelhantes. Analogamente, se tomarmos o calor e a frieza, embora chamemos tais qualidades de passivas, não significa que as coisas que as admitem ou encerram sejam passivas. Quer-se dizer que as qualidades mencionadas são capazes de produzir uma sensação. O sentido do paladar, por exemplo, é afetado pela doçura ou o azedume, ao passo que o do tato é afetado pela frieza ou pelo calor. Coisa idêntica ocorre com todas as qualidades que lhes são semelhantes.

Todas as cores, como o branco ou o preto, também são qualidades passivas; não o são, contudo, no mesmo sentido daquelas que indicamos até aqui. Assim as denominamos pelo fato de se originarem elas mesmas de afeições ou paixões. Há numerosas modificações de cor que provêm claramente das paixões. Quando as pessoas se envergonham, ficam ruborizadas; quando amedrontadas, tornam-se pálidas etc. É devido a isso que se alguém está naturalmente predisposto à vergonha ou ao medo por força de algumas particularidades de seu temperamento, é lícito que concluamos não injustamente que assume a cor correspondente, pois o estado dos elementos corporais que momentaneamente acompanhou o sentimento de vergonha ou medo poderia muito bem igualmente resultar de sua organização física, de sorte que uma cor semelhante poderia também surgir no processo natural. Todos os estados deste gênero podem ser, por conseguinte, incluídos entre as qualidades passivas, posto que verificamos que sua fonte pode ser detectada em alguma paixão estável e duradoura, pois quer sua fonte possa ser descoberta na organização corpórea, quer na longa doença ou queimadura de sol, quando não podem ser levemente eliminadas, podendo até mesmo perdurar durante toda a vida, feições pálidas ou morenas sempre são chamadas de qualidades por nós porque assim somos classificados (pálidos ou morenos) por apresentarmos tal palidez ou morenice.

Entretanto, condições originárias de causas logo tornadas inoperativas, se não forem inteiramente eliminadas, serão conhecidas como *estados passivos,* e não *qualidades*, uma vez que ninguém é chamado deste ou daquele modo por força dessas condições. Aquele que cora de vergonha não é, portanto, considerado como naturalmente rubro, como não é considerado naturalmente de pele pálida (clara) aquele que empalidece por causa do medo. Dizemos que "fulano foi *afetado* deste ou daquele modo". Estes estados são *estados passivos* (*afeições*[10]), não qualidades.

De modo análogo, há qualidades passivas e também afeições na alma. Quando alguém possui uma condição de nascimento e sua origem reside em certas afeições de difícil transformação ou remoção, a denominamos como qualidade. A loucura, a irascibilidade e [condições] semelhantes se enquadram aqui, já que é em função de tais coisas que qualificamos alguém de louco ou irascível. Do mesmo modo, as distrações do espírito,[11] que embora não sejam inatas em si mesmas, ainda assim surgem a partir de uma certa concomitância de alguns outros elementos nele presentes e parecem ser ou permanentes ou ao menos de remoção muito difícil, também são denominadas *qualidades.* Isto porque as pessoas são chamadas deste ou daquele modo devido a condições como essas. Pelo contrário, as que surgem a partir de alguma origem de pronta dissipação designamos com o nome de afeições, como no caso de alguém que diante de alguma contrariedade se torna um tanto zangado, pois alguém não é conhecido como irado por ficar um tanto zangado diante de uma contrariedade. Dizemos que "alguém está afetado ou perturbado". Tais estados são afeições e não qualidades.

O quarto gênero de qualidade é constituído pelas formas e figuras das coisas. Que a estas sejam também adicionadas a curvatura, a retidão e todas as demais qualidades similares. As coisas são definidas por estas qualidades também por serem desta ou daquela natureza. E as coisas possuem uma natureza definida por serem *triangulares*, *quadrangulares*, por serem *retas*, *curvas,* e assim sucessivamente. É efetivamente em virtude de sua figura ou forma que cada coisa é qualificada. O raro e o denso, o áspero e o liso, embora pareçam à primeira vista indicar qualidade, são de fato estranhos

10. ...πάθη... (*páthe*).

11. ...ἐκστάσεις... (*ekstáseis*).

a esta classe. Constata-se, ao contrário, que indicam uma posição particular das partes. Assim, chamamos uma coisa de *densa* quando as partes que a compõem se acham estreitamente compactadas, e de *rara* quando essas partes apresentam interstícios; *áspera* quando algumas partes são salientes, mas *lisa* quando suas partes se dispõem de alguma forma em linha reta.

Eis os quatro gêneros de qualidade. Talvez haja outros, mas estes são os que são assim estritamente chamados.

Qualidades, portanto, são as que aqui mencionamos. As coisas que têm seus nomes derivados delas, ou dependem de alguma outra forma delas, são coisas consideradas qualificadas de uma maneira definida ou outra. Na maioria – na verdade, na quase totalidade dos casos –, os nomes das coisas qualificadas são parônimos das qualidades. Por exemplo, a [coisa] alva recebeu o nome da alvura; o gramatical, de gramática; o justo, de justiça etc.

Às vezes, contudo, quando as qualidades não possuem nomes que lhes são próprios, é impossível que existam parônimos. Assim, os nomes do corredor ou do pugilista, que assim são designados em virtude de capacidades naturais, não podem ser derivados (parônimos) de qualidades, isto é, tais capacidades não possuem nomes particulares, como possuem as ciências, considerando o exercício em função do qual chamamos um homem de pugilista, um outro de lutador, e assim por diante. Entendemos por ciência uma disposição; cada ciência também possui seu próprio nome, tal como o pugilato, por exemplo, ou a luta. E aqueles que têm essa disposição obtêm seu nome do nome da ciência. Acrescente-se que por vezes a qualidade possui um nome bem definido, mas a coisa que participa de sua natureza não extrai seu nome dela. Por exemplo, o homem bom é bom por deter a qualidade virtude; entretanto, o termo *bom* não é um parônimo do termo *virtude*[12]. Todavia, isto ocorre esporadicamente.

Assim, essas coisas possuem uma qualidade definida da qual derivam seus nomes ou da qual dependem de alguma outra forma.

As qualidades admitem contrários, ainda que não em todos os casos. Justiça e injustiça são contrários, a alvura e a negrura, e assim sucessivamente. As coisas que são chamadas deste ou daquele modo, em função de terem essas qualidades, também se enqua-

12. Virtude é ἀρετή (*areté*); bom é σπουδαῖος (*spoydaîos*).

dram nessa classe, uma vez que o justo e o injusto são contrários, a coisa preta e a branca etc. Mas não ocorre assim em todos os casos. O vermelho, o amarelo e cores deste tipo são qualidades que não têm contrários.

Se um de dois contrários é uma qualidade, o outro também é uma qualidade. Isto se patenteará a quem examine as demais categorias. A injustiça é o contrário da justiça, e a justiça, ela mesma, é uma qualidade; consequentemente, a injustiça também o é, posto que nenhuma outra categoria a ela se ajusta, seja a quantidade, a relação, o espaço ou, em suma, qualquer outra. Isto vale no que toca a todos os contrários que denominamos *qualidades*.

As qualidades admitem graus, pois uma coisa é *mais* alva do que uma outra, e uma outra, ainda, é *menos* alva. E uma coisa pode ser mais justa do que uma outra. Uma coisa, ademais, pode ter *mais* de uma qualidade, pois coisas que são alvas podem se tornar *mais* alvas. Esta regra, embora seja válida na maioria dos casos, está sujeita a apresentar certas exceções, já que se a justiça pudesse ser *mais* ou *menos* justiça, determinados problemas poderiam disto nascer, como ocorre também com todas as qualidades que nos é possível chamar de disposições. E alguns chegam a sustentar que estas não admitem graduação. A própria saúde e a própria justiça – contestam – não estão sujeitas a tais variações, mas uma pessoa é *mais* saudável do que outra, mais *justa* do que outra, o mesmo valendo para o conhecimento gramatical e todas as demais disposições. E, certamente, ninguém poderá negar que as coisas caracterizadas por tais qualidades as encerram em *maior* ou *menor* medida. Um indivíduo saberá mais sobre gramática, será mais saudável ou mais justo do que algum outro.

Termos que expressam a figura de uma coisa, digamos o triângulo, o quadrado etc. parecem não admitir a graduação. As coisas às quais são aplicadas as designações de triângulo ou círculo são igualmente triangulares ou circulares. Outras, às quais a definição de nem uma nem outra dessas coisas é aplicável, não podem diferir elas mesmas em matéria de graduação. O quadrado não é mais círculo do que o é, por exemplo, o retângulo. A definição de círculo que demos não se aplica a um ou outro destes. Assim, a menos que, em síntese, a definição da coisa ou o termo em questão seja apropriado a ambos os objetos, não poderão, de maneira alguma, ser comparados. Nem todas as qualidades, portanto, apresentam graduação.

As características anteriormente indicadas não são, de modo algum, pertencentes à qualidade. O que lhe é característico é a predicação de *semelhante* ou *dessemelhante* com uma referência exclusiva à qualidade, isto porque uma coisa é *semelhante* à outra no que respeita exclusivamente a uma qualidade. É isto que caracteriza a qualidade.

Não deve, entretanto, nos transtornar que alguém refute nossas afirmações porque, sendo a qualidade o nosso objeto de estudo, incluímos nesta categoria muitos termos relativos, posto que reconhecemos serem termos relativos tanto estados (hábitos) quanto disposições. Ora, ao menos na maioria dos casos, os gêneros indiscutivelmente são relativos, ao passo que as espécies particulares não o são. O conhecimento, que é gênero, é definido por referência a alguma coisa que lhe é distinta, uma vez que o conhecimento é conhecimento *de alguma coisa.* Entretanto, ramos particulares do conhecimento não são assim explicados. Por exemplo, não definimos um conhecimento de gramática ou de música mediante uma referência a alguma coisa externa. A razão disto é porque se são, em algum sentido, relações, somente podem ser tomados como tais do ponto de vista de seu gênero. Por exemplo, a gramática não é chamada de gramática *de alguma coisa*, nem a música de música *de alguma coisa.* Se, afinal, é em virtude do gênero que se fala destas na sua relação com alguma coisa, a gramática é chamada de conhecimento de alguma coisa (não gramática de alguma coisa), e a música, de conhecimento de alguma coisa (não música de alguma coisa).

Assim, departamentos particulares do conhecimento não devem ser classificados entre os relativos. As pessoas são chamadas desta ou daquela forma por serem versadas nesses ramos do conhecimento. É em função destas coisas em que somos versados que somos chamados de *conhecedores* ou *sábios,* e nunca pelo gênero ou o conhecimento [em geral]. A conclusão é que esses ramos do conhecimento, por força dos quais somos às vezes descritos como pertencentes a esta ou àquela natureza, devem eles mesmos ser enquadrados na categoria da *qualidade* e não naquela da *relação.* Que se acresça que se alguma coisa é tanto relação quanto qualidade, nada haverá de absurdo em incluí-la em ambas essas categorias.

IX

11b1 A AÇÃO E A PAIXÃO APRESENTAM CONTRÁRIOS, bem como graus, ou seja, o aquecimento é o contrário do arrefecimento, como também o ser arrefecido o é do ser aquecido, ou, por outro lado, ser agradado é o contrário de ser desagradado. É desta forma que admitem os contrários. Adicionalmente, admitem graduação, pois podes aquecer ou ser aquecido *mais* ou *menos*. Segue-se que a ação e a paixão podem admitir variações de graduação.

Dessas categorias basta o que foi dito. Da postura ou posição nós tratamos ao nos ocuparmos antes da relação. Dissemos que esses termos obtêm seus nomes das posturas que a eles correspondem. Quanto às demais categorias, quais sejam, tempo, espaço e estado, são tão claras que não preciso dizer mais do que disse no próprio início... que o estado é indicado por expressões tais como "estar calçado", "armado" e [expressões] similares, enquanto o espaço (lugar) é indicado por frases como "no Liceu" etc.

X[13]

13. Todo este final do Tratado (Capítulos X a XV) é geralmente considerado espúrio pela maioria dos eruditos.

Dissemos o suficiente no que respeita às categorias por nós propostas, tendo na sequência que nos ocuparmos dos opostos e dos vários sentidos desta palavra. Diz-se que as coisas são opostas entre si de quatro modos: *primeiro,* como o são os correlativos, isto é, um ou outro termo de cada par relativamente ao outro; a seguir [, em segundo lugar], como o são os contrários; em terceiro lugar, como privativos a positivos (possessivos); em último lugar, como afirmativos a negativos. Sumariamente, quero dizer que os correlativos que são opostos são expressões como *dobro* e *metade*, enquanto dos contrários que são opostos podemos tomar, à guisa de exemplos, *bom* e *mau*. Dos termos privativos e positivos pode-se exemplificar com *cegueira* e *visão*; *ele está sentado* e *ele não está sentado* são exemplos de afirmativos e negativos.

Costuma-se explicar os opostos, quando relativos, referindo um ao outro e usando o *caso genitivo* ou alguma outra construção gramatical.[14] Assim, *dobro*, um termo relativo, é explicado como o dobro de alguma coisa. *E o conhecimento, um termo relativo, se opõe à coisa que é conhecida e é explicado mediante uma referência a ela. A coisa que é conhecida é explicada mediante uma referência ao seu oposto, ao conhecimento: pois a coisa que é conhecida será conhecida por alguma coisa, mais precisamente, pelo conhecimento. Todos os opostos, portanto, são*

14. O autor, evidentemente, menciona o *caso genitivo* levando em conta a própria língua grega, na qual existe declinação. Nossa tradução, com base no texto estabelecido por Bekker, equivale a: *Opostos como relativos são os que apresentam a propriedade de serem chamados ou enunciados necessariamente por referência ao seu oposto, ou de alguma outra forma em relação a ele.*

explicados por mútua referência e o uso do caso genitivo ou alguma outra construção gramatical, quando são também correlativos.[15]

Os opostos, quando contrários, nunca são dependentes uns dos outros, mas contrários uns aos outros. O bom não é chamado, por exemplo, de *bom do mau*, mas de seu contrário. Analogamente, o branco não é conhecido como o branco do preto, mas como seu contrário. Por conseguinte, estes dois gêneros de oposição são completamente distintos entre si. Contrários, contudo, tais que os sujeitos nos quais são naturalmente encontrados ou dos quais podem ser predicados, devem conter necessariamente um ou outro; jamais podem ter intermediários. Quando esta necessidade estiver ausente, ocorrerá o inverso, e eles apresentarão sempre um intermediário. Por exemplo, pode-se dizer que tanto a saúde quanto a doença estão naturalmente presentes nos corpos de todos os seres vivos e, consequentemente, uma ou outra tem que estar presente nos corpos animais. No que tange ao número, predicamos tanto o ímpar quanto o par de maneira semelhante. Consequentemente, um ou outro tem que estar sempre presente no número. Ora, a saúde e a doença, o ímpar e o par não têm intermediários entre eles. Onde, entretanto, inexiste tal necessidade, ocorre o inverso. Por exemplo, tanto a negrura quanto a brancura estão naturalmente presentes no corpo, mas nem uma nem outra precisa estar num corpo, pois nem todo corpo existente tem que ser negro ou branco. Assim, predicamos bom e mau de um ser humano, bem como de muitos outros sujeitos. Todavia, nem a qualidade de bom nem a de mau, embora deles predicáveis, estão necessariamente neles presentes. Nem todas as coisas são boas ou são más. Ora, tais contrários possuem intermediários. Entre o negro e o branco, por exemplo, há o cinzento, o amarelo e assim por diante, ao passo que entre o bom e o mau temos o que não é nem um nem outro. Alguns intermediários possuem seus próprios nomes reconhecidos. Podemos, mais uma vez, tomar

15. Ou, em outras palavras com algumas variações (o texto em itálico): *Também conhecimento e coisa cognoscível são opostos e relativos, pois do conhecimento em si mesmo se diz conhecimento do cognoscível, e do cognoscível, por seu turno, se diz ele mesmo do seu oposto, o conhecimento, uma vez que o cognoscível se diz cognoscível de alguma coisa, ou seja, o conhecimento.*

como exemplos o cinzento, o amarelo e cores semelhantes intermediárias entre o branco e o preto. Em alguns casos, entretanto, nomeá-los não é coisa fácil. Nestas situações, temos que definir o intermediário pela negação de cada um dos extremos, como em *nem bom nem mau* e *nem justo nem injusto* etc.

Privativos e *positivos* se referem a sujeitos idênticos, como a cegueira e a visão são ditas do olho. E geralmente o sujeito no qual o *positivo* naturalmente é encontrado ou produzido é o mesmo sobre o qual os pares são predicados. Assim, dizemos que qualquer coisa capaz de receber uma positivação é desta despojada quando se acha inteiramente ausente daquilo que naturalmente a possui na ocasião em que lhe é natural possuí-la. Não chamamos, assim, [alguém] de desdentado ou cego só porque carece de dentes ou de visão, mas usamos estes termos aludindo a alguém que não possui dentes ou visão, mas que deveria possuí-los naquela oportunidade [uma vez que seria natural que os possuísse]. Com efeito, há certas criaturas que desde o nascimento não possuem dentes ou visão e, no entanto, não são conhecidas como desdentadas ou cegas.

Possuir faculdades ou destas carecer não é o mesmo que os correspondentes *positivos* e *privativos*. A visão, por exemplo, é um *positivo* (uma posse), enquanto a cegueira, seu oposto, é um *privativo* (uma privação). *Visão* e *ter visão*, contudo, não devem ser considerados idênticos; *estar cego* não é *cegueira*. A cegueira, dissemos, é um privativo, ao passo que estar cego indica uma condição de carência ou privação. *Estar cego* não é em si mesmo um privativo. Que se some a isso que, se cegueira fosse o mesmo que estar cego, ambas as expressões seriam predicáveis do mesmo sujeito; pode-se dizer de um homem que é cego; entretanto, não se diz de um homem que *ele é cegueira*.

12b1 Tal como *positivos* e *privativos* são opostos, o são também *possuir uma faculdade* e *estar num estado de privação*. Estamos diante do mesmo tipo de oposição, pois estar cego e ter visão se opõem, tal como cegueira e visão.

O que é afirmado numa proposição não é por si só uma afirmação, nem o que é negado, uma negação. A afirmação é uma *proposição afirmativa*, e a negação, uma *proposição negativa*. Numa proposição, o que é afirmado ou negado não é proposição. A despeito disso, as coisas que afirmamos e negamos são chamadas de opostos no mesmo sentido porque dispomos do mesmo gênero de antítese. Tal como as próprias proposições afirmativa e negativa se opõem – observe-se as duas proposições, por exemplo, "ele está sentado" e "ele não está sentado" – se opõem também os fatos assim expressos, ou seja, "ele está sentado" ou "ele não está sentado".

Positivos e *privativos* evidentemente não se opõem no mesmo sentido que os relativos se opõem entre si. Quero dizer que não os explicamos referindo um ao outro. Não chamamos a visão de *visão da cegueira* nem usamos qualquer outra forma de proposição que sirva para introduzir uma relação. E a cegueira, analogamente, não é chamada de *cegueira da visão*, mas sim de privação da visão. Além disso, termos relativos apresentam reciprocidade. Assim, fosse a cegueira um relativo, haveria reciprocidade entre a cegueira e a visão. Não é, entretanto, o que ocorre, pois não classificamos a visão como *visão da cegueira*.

Que *positivos* e *privativos*, ademais, não se opõem no mesmo sentido que os contrários se opõem entre si parece perfeitamente evidente pelo seguinte: quando os contrários não têm intermediários, notamos que um ou o outro tem sempre que estar presente no sujeito no qual são naturalmente encontrados ou do qual servirão como os predicados. Atendida esta necessidade, os termos poderiam não ter intermediários. Saúde e doença, ímpar e par foram mencionados anteriormente como exemplos. Mas onde os contrários têm um intermediário, não existe essa necessidade. Não é necessário, com efeito, que todo sujeito que possa ser receptivo de preto e de branco tenha, por conseguinte, que ser preto ou branco. O mesmo vale para o frio e o quente; ou seja, nada impede que haja alguma coisa ou outra intermediária entre o preto e o branco, entre o quente e o frio e outros similares. (Ademais, já constatamos que aqueles contrários possuíam um intermediário onde não constituía uma necessidade um dos dois ser inerente a tudo capaz de recebê-los.) Uma exceção deve, contudo, ser feita onde um contrário é naturalmente inerente. Ser quente é inerente ao fogo, como ser branca é inerente à neve. Nestes casos, *um* dos contrários tem forçosamente que estar definitivamente presente nas coisas – mas não um *ou* o outro. É incogitável o fogo ser frio ou a neve ser negra. Consequentemente, conclui-se que um dos contrários não precisa estar presente em todas as coisas que possam ser a ele receptivas. Está presente necessariamente somente nos sujeitos aos quais é inerente. E cumpre acrescer que neste caso é definitivamente *um único* dos dois contrários que está necessariamente presente no sujeito, e não um outro indiscriminadamente.

No que concerne aos positivos e privativos, nenhuma das afirmações precedentes se revela verdadeira. Os sujeitos a estes receptivos não se acham restringidos a ter um ou o outro [dos dois opostos], pois o que carece ainda de potência para receber a visão não é qualificado nem de vidente nem de desprovido de visão. Portanto, *positivos* e *privativos* não devem ser classificados com aqueles contrários que não admitem intermediários. Mas tampouco devemos classificá-los entre os contrários que possuem intermediários porque um ou o outro, por vezes, tem que formar parte de cada sujeito possível. Se um ser deve, por natureza, ter visão, diremos *que é vidente* ou *que é cego* indeterminadamente e não necessariamente, mas dependendo do caso que possamos ter diante de nós; não é necessário que seja vidente ou cego. O que é necessário é que esteja em um estado ou no outro. Mas [afinal] não vimos já que, no que tange a contrários que têm intermediários, nem um nem o outro precisam ser encontrados em cada sujeito possível, mas que definitivamente um dos componentes do par tem que estar presente em alguns daqueles sujeitos? Do que precede se evidencia, portanto, que os *positivos* e os *privativos* não se opõem entre si da mesma maneira que o fazem os contrários.

No que toca aos contrários, é também correto asseverar que uma vez o sujeito permaneça idêntico, é possível ocorrer mudança entre eles, salvo no caso de apenas um deles não ser, por natureza, inerente ao sujeito, a exemplo do quente que é inerente ao fogo. [Não resta dúvida que] é possível que aquilo que é saudável se torne doente, que o que é branco se torne com o tempo negro, que o que é frio se torne, por sua vez, quente; e o bom se torna mau, o mau se torna bom, posto que o homem mau, uma vez inserido em novos modos do viver e do pensar, é suscetível de aprimoramento, ainda que escassamente. E se tal homem aprimorar-se uma vez, ainda que apenas escassamente, poderá, está claro, efetuar grandes progressos ou mesmo e com efeito mudar completamente, porque embora no instante inicial ele obtenha uma melhoria modestíssima, um homem se torna sempre mais impulsionado e inclinado para a virtude. Concluímos, naturalmente, que ele progredirá cada vez mais. E com a continuidade deste processo [de melhoria], havendo tempo para tanto, ele acabará por transformá-lo inteiramente.

No que diz respeito a *positivos* e *privativos*, entretanto, não pode haver mudança de ambas as maneiras, isto é, recíproca, ou seja, se da positivação pode-se passar para a privação, desta não é possível passar à primeira. Uma vez tornado cego, alguém jamais recuperará sua visão; igualmente alguém que se tornou calvo não poderá posteriormente recuperar seus cabelos, bem como alguém que tenha perdido seus dentes nunca poderá mais tarde fazer crescer uma nova dentição.

Afirmações e negações não se opõem, obviamente, em nenhum desses modos que já abordamos. É aqui e *exclusivamente aqui*, com efeito, que um oposto tem que ser forçosamente verdadeiro, ao passo que o outro tem sempre que ser falso. No tocante aos demais opostos (contrários, correlativos, positivos e privativos), isso, de nenhuma forma, apresenta validade. Assim, no caso da saúde e da doença, que são contrários, nem uma nem outra é verdadeira, como nem uma nem outra é falsa. Se tomarmos os correlativos [digamos] dobro e metade, nem um nem outra é verdadeiro, nem um nem outra é falso. O mesmo ocorre com *positivos* (possessivos) e *privativos*, como a visão e a cegueira. Em síntese, a menos que as palavras sejam combinadas, o *verdadeiro* e o *falso* não são aplicáveis. E todos os opostos antes mencionados não passam de termos não combinados.

Todavia, quando palavras que são contrárias constituem partes de proposições opostas como afirmativas e negativas, pareceria que estas mereceriam especialmente tal característica. "Sócrates está doente" é o contrário de "Sócrates está bom". Entretanto, mesmo neste caso não podemos sustentar que uma proposição deve sempre ser verdadeira e a outra deve sempre ser falsa, pois se Sócrates realmente existe, uma é verdadeira e a outra é falsa. Mas se Sócrates não existe, tanto uma quanto a outra são falsas. Dizer "ele está doente" será falso, e dizer "ele está bom" será falso, se nenhum Sócrates existir.

Quanto aos *positivos* (possessivos) e *privativos*, entretanto, se o sujeito não existir, então nem uma proposição nem outra será verdadeira. Se o sujeito existir, mesmo assim uma não será sempre verdadeira, e uma falsa. "Sócrates tem visão", por exemplo, é o oposto de "Sócrates é cego", no sentido em que *oposto* foi usado na sua aplicação à privação e posse. Ora, se Sócrates realmente existe, não é necessariamente o caso de uma proposição ser verdadeira, e uma falsa, pois se ele não estiver ainda naturalmente apto a ter visão, as duas proposições serão falsas, e se ele não existir, as duas proposições serão igualmente falsas, quais sejam, a de que tem visão e a de que é cego.

Voltando à afirmação e negação, podemos dizer destas em todos os casos que uma tem que ser falsa, e a outra verdadeira, exista ou não o sujeito, pois se Sócrates realmente existe, "ele está doente" *ou* "ele não está doente" tem que ser verdadeira; "ele está doente" *ou* "ele não está doente" tem que ser falsa. E o mesmo ocorre se ele não existe: se não existe, é falso declarar "ele está doente", porém verdadeiro declarar "ele não está doente". Assim, que um dos dois tem que ser verdadeiro e o outro tem que ser falso em todos os casos valerá somente para aqueles opostos que, no mesmo sentido, se opõem como proposições afirmativa e negativa.

XI

O CONTRÁRIO DE BEM É NECESSARIAMENTE O MAL, o que pode ser demonstrado por indução.[16] O contrário da saúde é a doença, o da coragem, covardia, e assim por diante. O contrário, contudo, de um mal é um bem ou um mal. Por exemplo, a deficiência é um mal; seu contrário, o excesso, é um mal. Mas a mediania, que é contrária a uma e a outro num mesmo grau, é um bem;[17] encontrarás, contudo, poucas destas exceções e geralmente é verdadeiro ser o bem o contrário do mal.

Não se segue necessariamente que uma vez que exista um dos contrários, então o outro deva também existir. Supõe que todas as coisas se tornassem sadias. Com isto haveria saúde, não doença. Ou supõe que todas as coisas se tornassem brancas. Haveria então somente branco e não negro. Ademais, se Sócrates *doente* é o contrário de Sócrates *bom* (*saudável*) e ambos os contrários não podem existir a um só tempo no mesmo indivíduo, se um dos contrários existisse, o outro não poderia então existir, pois sendo *estar ele saudável* um fato, *estar ele doente* não poderia também constituir um fato.

Um outro ponto também se evidencia: os sujeitos das qualidades contrárias têm necessariamente a mesma espécie ou gênero. O sujeito da saúde e da doença é o corpo de algum ser vivo; aquele da brancura e da negrura é um corpo que dispensa maiores especificações. De modo análogo, a justiça e a injustiça surgem nas almas humanas.

---

16. ...ἐπαγωγῇ... (*epagogêi*).
17. Ver a teoria da mediania na *Ética a Nicômaco* (presente também em *Clássicos Edipro*).

Além disso, duas qualidades contrárias pertencem necessariamente a um gênero ou, então, aos gêneros contrários, quando não são, elas mesmas, gêneros. O branco, por exemplo, e o preto pertencem a um gênero idêntico: a cor. A justiça, por outro lado, se encaixa em dois gêneros contrários, aqueles aos quais damos os nomes de *virtude* e *vício*. O bem e o mal não pertencem a quaisquer gêneros, sendo eles próprios gêneros reais que encerram espécies subordinadas.

XII

HÁ QUATRO SENTIDOS DISTINTOS nos quais podemos chamar uma coisa de *anterior*[18] em relação a outra. Sempre que usamos o termo *anterior* na sua acepção própria e primordial, é o tempo que temos em mente. Assim, qualificamos uma coisa de *mais velha*, *mais antiga* do que alguma outra coisa, querendo dizer que o tempo que lhe diz respeito foi mais longo.

Em segundo lugar, [o termo] *anterior* pode ser usado quando a ordem de ser é fixa e não suscetível de ser invertida. O *um*, entre os números, é anterior ao *dois*, pois uma vez que existe o *dois* segue-se a existência necessária do *um*. A existência do *um*, pelo contrário, não implica a do *dois*. E a *ordem de ser*, em consequência, não pode ser alterada e invertida. Assim, de duas coisas chamamos de *anterior* a precedente numa sequência irreversível.

Em terceiro lugar, empregamos o termo *anterior* referindo-nos a qualquer tipo de ordem, caso das ciências e dos discursos. Nas ciências que empregam a demonstração temos na sua ordem o que é *anterior* e o que é *posterior*.[19] [Na geometria,] os elementos (pontos, linhas etc.) são *anteriores* às proposições ou problemas (e, analogamente, no que chamamos de gramática, as letras são *anteriores* às sílabas). E também no discurso o proêmio será *anterior* à narrativa.

Além dos três sentidos mencionados, diz-se ser naturalmente *anterior* tudo o que é melhor, mais estimável. Assim, as pessoas or-

18. ...Πρότερον... (*próteron*).

19. ...ὕστερον... (*hýsteron*).

dinárias, ao aludirem àqueles aos quais estimam ou são objeto de sua afeição, os descrevem *como vindo anteriormente* (como tendo prioridade) em relação aos outros ou ocupando um lugar *anterior* (prioritário) em seus corações. Entretanto, este emprego da palavra parece o mais estranho de todos.

Estes – penso – são os quatro sentidos distintos nos quais podemos usar o termo *anterior*. É possível, contudo, que haja um outro, além destes que já indicamos, porque quando de duas coisas a existência de uma ou outra implica ou necessita a existência da outra, aquela coisa – que de algum modo é a causa –, por conseguinte, pode ser com justiça considerada como naturalmente *anterior* à outra. É evidente que tais casos podem ser encontrados. A existência de um ser humano, por exemplo, requer a verdade da proposição na qual afirmamos sua existência. Vale também o inverso, pois se ele existe, consequentemente a proposição que afirma tal fato será verdadeira. Se a proposição, reciprocamente falando, for verdadeira, então o homem aludido necessariamente existirá. A proposição verdadeira, entretanto, não é, de modo algum, a causa da existência do tal homem assim existente; e, todavia, sua existência pareceria de uma maneira ou outra a causa da verdade da verdadeira proposição, uma vez que esta última é classificada de *verdadeira* ou *falsa* na medida em que o ser humano existe ou não. A conclusão é a de que parece que utilizamos o termo *anterior* em cinco acepções diferentes.

XIII

[O TERMO] SIMULTÂNEO É USADO na sua significação primordial e mais estrita daquilo, ou melhor, das coisas que *vêm a ser*[20] ao mesmo tempo, pois nenhuma delas neste caso é anterior ou posterior a outra. O significado da simultaneidade está no tempo. [Mas] aplicamos [a palavra] *simultâneo,* na natureza, às coisas cujo ser de uma necessita o ser da outra, do que é exemplo *dobro* e *metade*, já que há neste caso mútua dependência. A existência do dobro acarreta necessariamente aquela da metade; a da metade aquela do dobro. E nem uma nem outro é a causa da existência do outro.

Espécies que originárias do mesmo gênero opõem-se umas às outras também são denominadas *simultâneas* por natureza. Refiro-me àquelas, resultantes da mesma divisão, denominadas *coordenadas*, quer dizer a espécie alada, a aquática e a terrestre. Estas espécies pertencem ao mesmo gênero e são coordenadas, uma vez que o animal [em geral] é nelas dividido, ou seja, em ave, animal terrestre e animal aquático. E nenhuma delas é anterior ou posterior, mas considerada *simultânea* por natureza; cada uma delas, inclusive, pode se dividir em subespécies. Assim, as coisas originárias de divisão idêntica do gênero idêntico serão também simultâneas por natureza. Os gêneros, contudo, são sempre anteriores às espécies, pois neste caso a *ordem de ser* não pode ser invertida; por exemplo, se há a espécie aquática, há o gênero animal; entretanto, se há o gênero animal, não significa que deve haver necessariamente a espécie aquática.

20. ...γένεσίς ἐστιν... (*génesís estin*): ...são geradas... .

Deste modo, chamamos de *simultâneo* por natureza as coisas cujo ser de uma requer o de outra, mas sem que umas ou outras sejam causas umas das outras e, também, aquelas espécies coordenadas e opostas pertencentes a um único e mesmo gênero. Também usamos [a palavra] *simultâneo* no seu sentido simples e primordial para as coisas que *passam a existir* ao mesmo tempo.

XIV

HÁ SEIS TIPOS DAQUILO QUE CHAMAMOS de movimento:[21] geração, corrupção,[22] aumento, diminuição, alteração e deslocamento.[23] Salvo por uma única exceção, é evidente que todas estas [formas de movimento] são distintas entre si. Corrupção não é geração; aumento não é diminuição nem tampouco significa deslocamento. E o mesmo ocorre no tocante aos demais. No caso da *alteração*, contudo, alguns poderiam objetar que um sujeito, quando alterado, o é por um dos outros cinco movimentos. E, no entanto, não é realmente assim, pois no que concerne a todas ou, ao menos, à maioria das afeições (paixões), as alterações em nós produzidas nada têm em comum com aqueles outros movimentos que mencionamos; aquilo que é *afetado* não precisa ser aumentado ou diminuído ou sofrer qualquer processo semelhante. Conclui-se que a alteração é distinta de todas as outras espécies de movimento, pois se fosse idêntica a qualquer outro, o alterado seria de imediato também aumentado ou diminuído, ou sofreria a ação de qualquer outro movimento. Mas isto não ocorre *necessariamente*. Ademais, seja lá o que houvesse sido aumentado ou submetido a algum outro movimento, teria sido *necessariamente* alterado. E há coisas que aumentam e nem por isso são alteradas. Por exemplo, se, no

---

21. ...κινήσεις... (*kinéseis*).

22. ...φθορὰ (*phthorà*): o conceito grego inclui o nosso de *destruição*, mas preinclui adicionalmente o de dissolução ou corrupção, que é o processo (movimento) que resulta na destruição.

23. ...τόπον μεταβολή... (*tópon metabolé*): literalmente *mudança de lugar.*

que toca a um quadrado, um *gnomon*[24] é adicionado, o quadrado será aumentado em seu tamanho, mas não sofrerá alteração, permanecendo um quadrado como antes. O mesmo ocorre com todas as formas semelhantes. Conclui-se que a alteração e o aumento são duas espécies distintas de movimento.

O repouso é, em sentido lato, o contrário do movimento. Mas tipos particulares de movimento têm cada um seu contrário particular. Assim, pode-se dizer que a geração tem por seu contrário a corrupção, o aumento tem a diminuição, o deslocamento tem a imobilidade;[25] quanto a este caso, a mudança que se afigura mais contrária é a mudança em direção contrária. Assim, o deslocamento ascendente para o descendente, o descendente para o ascendente e similares. Mas no que tange ao movimento restante entre aqueles mencionados por nós, não seria fácil indicar qual é realmente seu contrário. E, com efeito, parece não ter nenhum, a não ser que se trate aqui do "repouso qualitativo" ou da "mudança para a qualidade contrária", tal como dissemos que o deslocamento tinha como contrário a imobilidade (repouso local) ou uma mudança para um lugar contrário. Alteração significa mudança de uma qualidade. Portanto, opomos ao movimento qualitativo o repouso qualitativo ou a mudança para uma qualidade contrária. Assim, o preto e o branco serão contrários e, por conseguinte, o *tornar-se* um será contrário ao *tornar-se* o outro. Há aqui a mudança de uma qualidade, o que implica alteração, consequentemente, para uma qualidade contrária.

24. γνώμων (*gnómon*) – o sentido aqui é específico: em geometria, a figura (parte de um paralelogramo ou quadrado) que resta após a remoção de um paralelogramo (quadrado) similar de um de seus cantos.

25. ...τόπον ἠρεμία... (*tópon eremía*): repouso local.

XV

[O verbo] *ter* apresenta muitas significações. Usamo-lo referindo-nos a estados, disposições e também a todas as demais qualidades. E, assim, dizemos que *temos* virtude, que *temos* este ou aquele conhecimento. Então é usado com uma quantidade, referindo-se [por exemplo] à altura de alguém. Dizemos que alguém *tem* três ou quatro côvados de altura. É empregado, ademais, referindo-se ao vestuário, quando dizemos que alguém *tem*[26] um manto ou uma túnica. Além disso, usamo-lo com respeito a coisas que *temos* em alguma parte do corpo, como um anel no dedo. Empregamo-lo referindo-se a partes do corpo: alguém *tem* uma mão ou um pé. É usado referindo-se a um recipiente: diz-se de um jarro que este *tem*[27] vinho; de uma medida, que esta *tem* trigo.[28] E nestes casos estamos pensando no que está contido no recipiente. Ainda, empregamos *ter* referindo-nos à posse, ao dizer que esta ou aquela pessoa *tem* uma casa ou um campo.

Dizem que um homem *tem* uma mulher e uma mulher, analogamente, *tem* um marido. Este sentido é, contudo, muito artificial. Quando dizemos que um homem *tem* uma mulher, queremos dizer meramente que ele vive com ela.

Talvez haja mais sentidos para *ter*. Entretanto – creio – as acepções usuais estão indicadas no resumo apresentado.

---

26. Isto é, *veste, enverga, usa.*

27. Isto é, *contém.*

28. Ver nota anterior.

Este livro foi impresso pela Gráfica Cromosete
em fonte Garamond Premier Pro sobre papel Pólen Bold 90 g/m²
para a Edipro.